ANIMALIER

Colouring Book

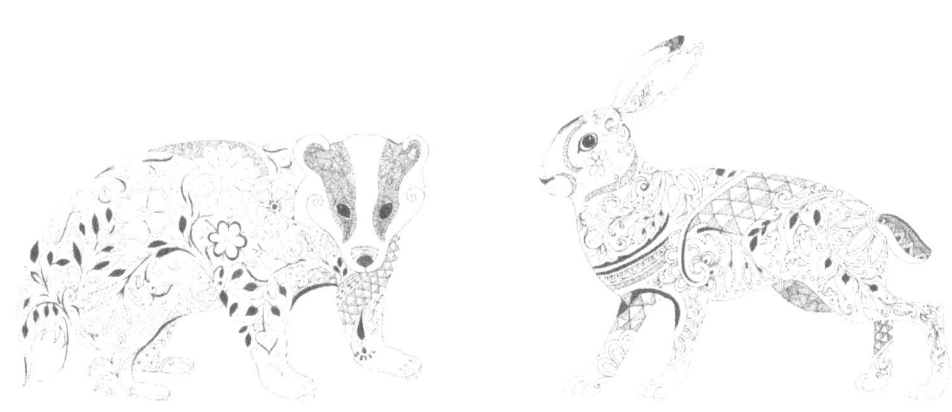

Isabelle Brent

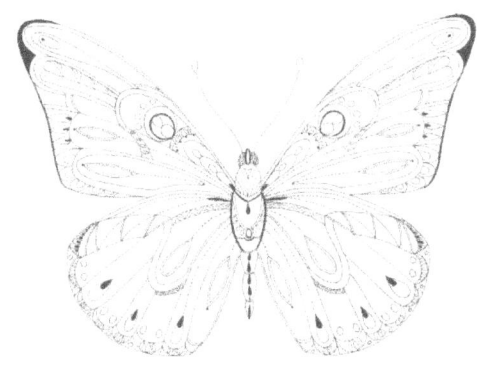

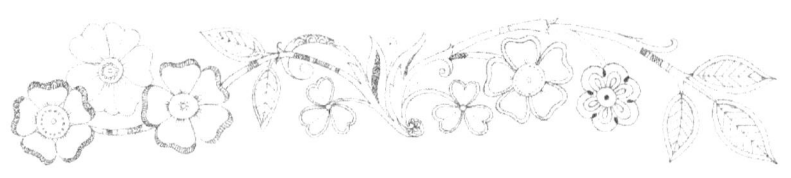

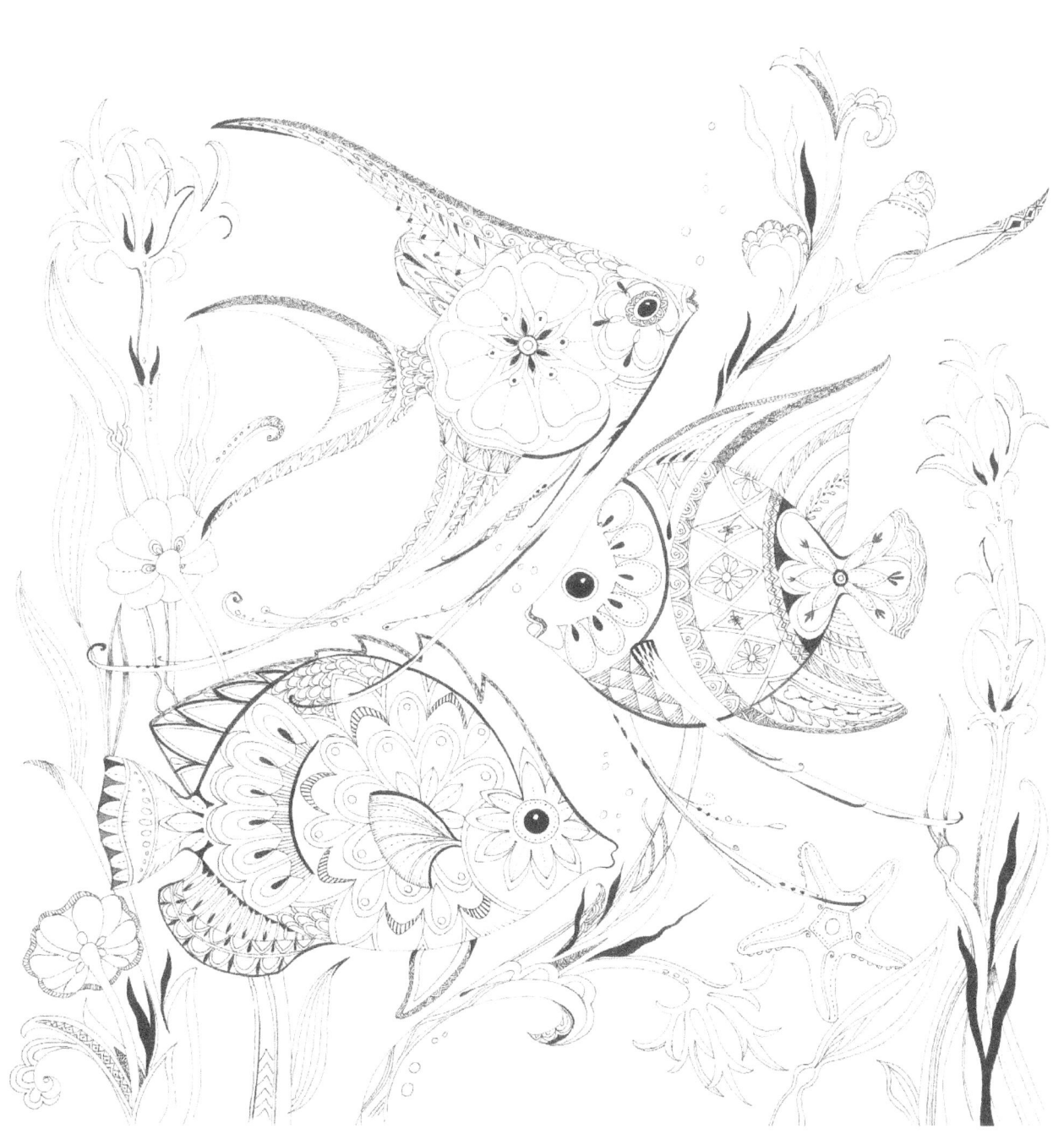

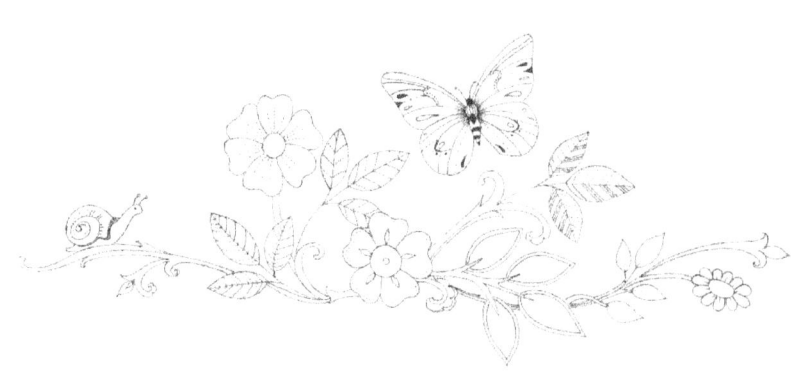

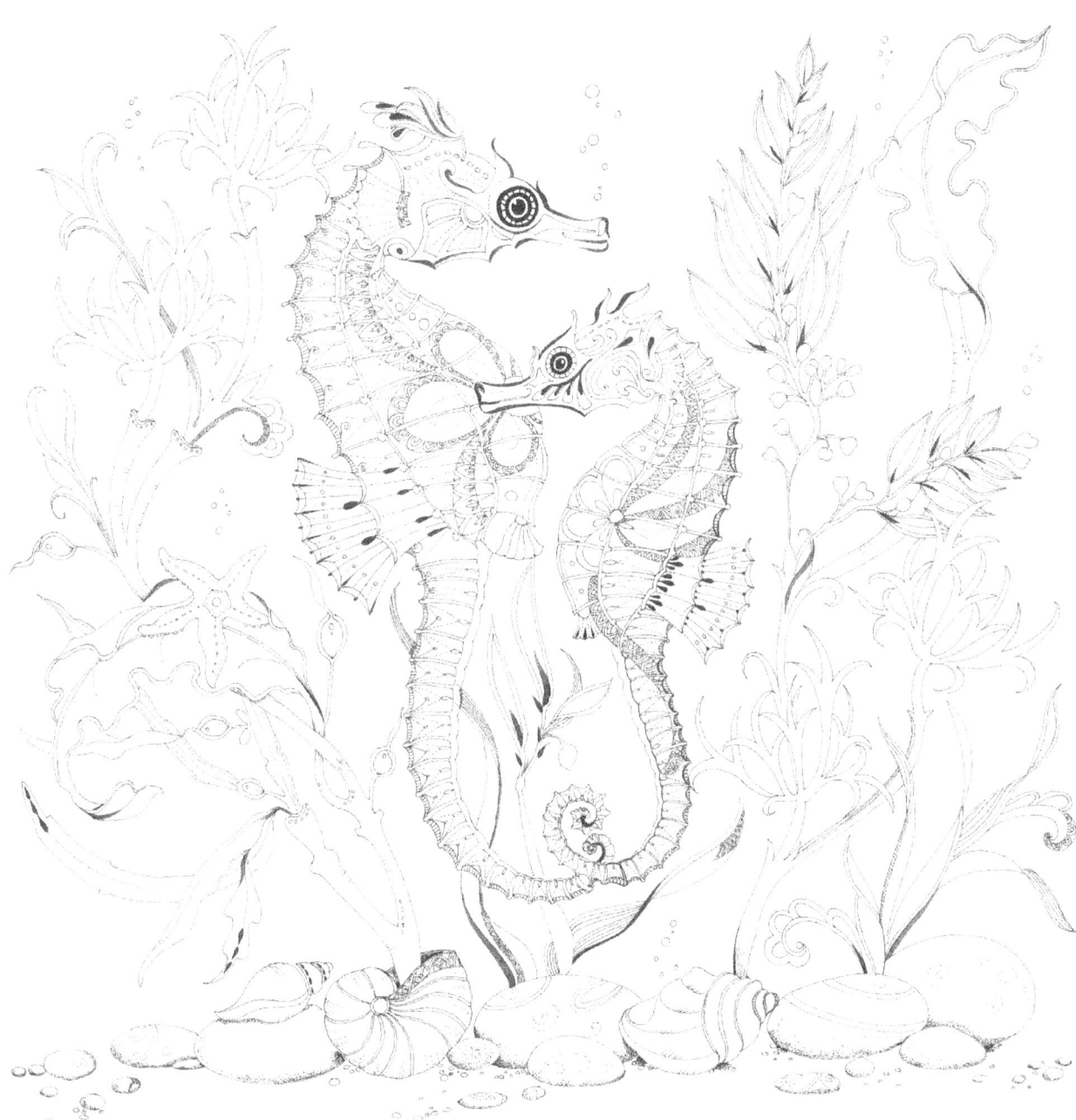

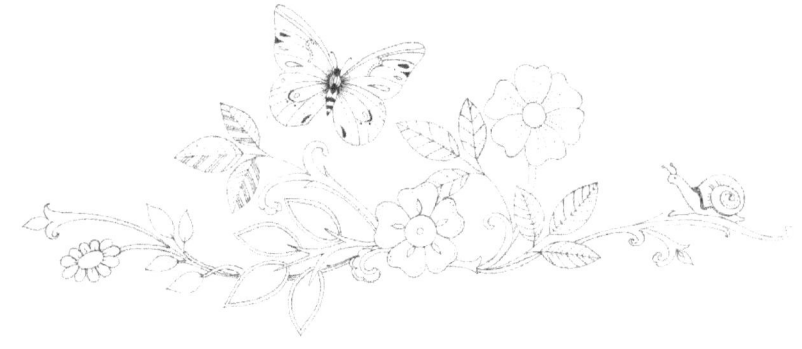

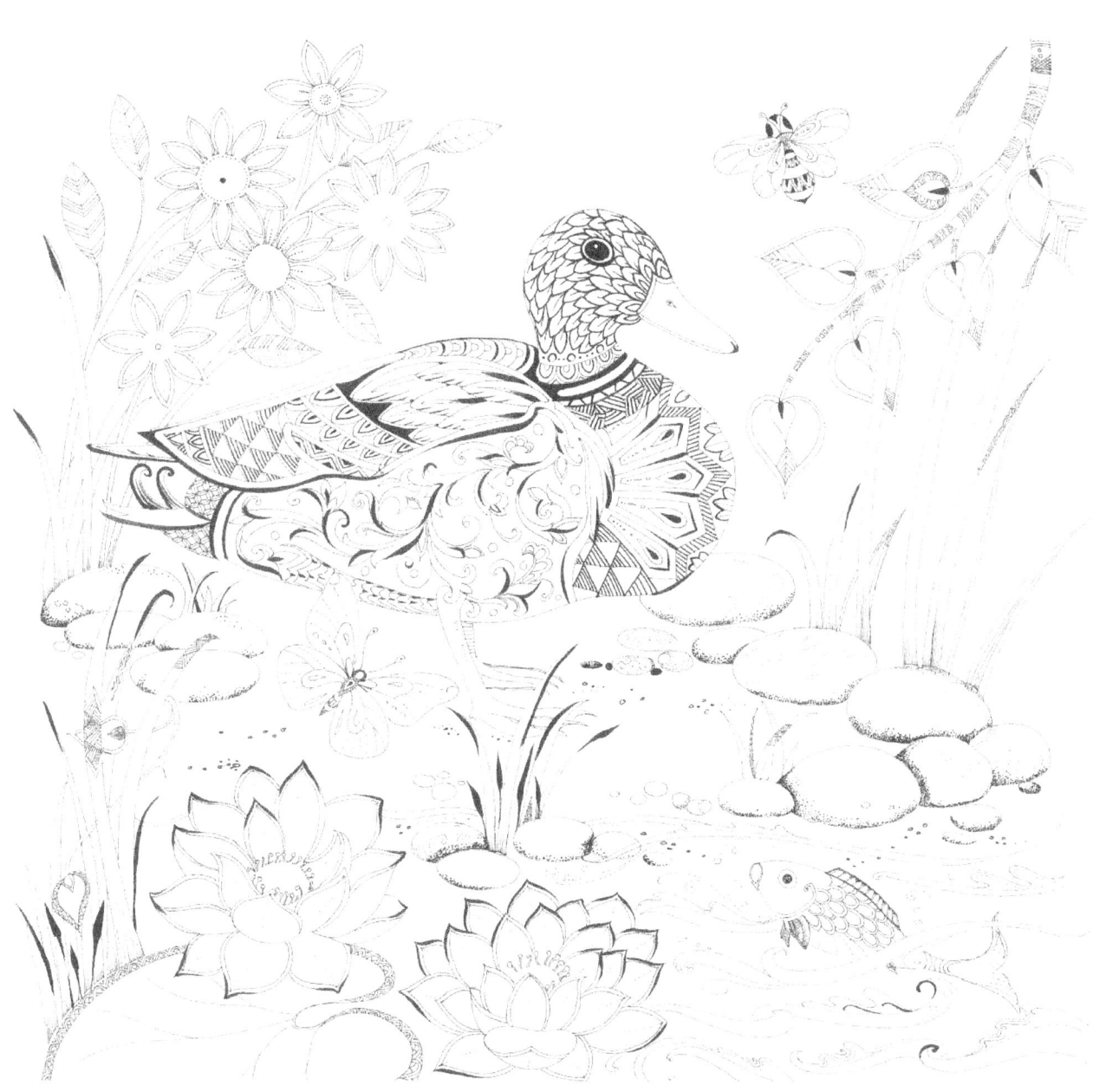

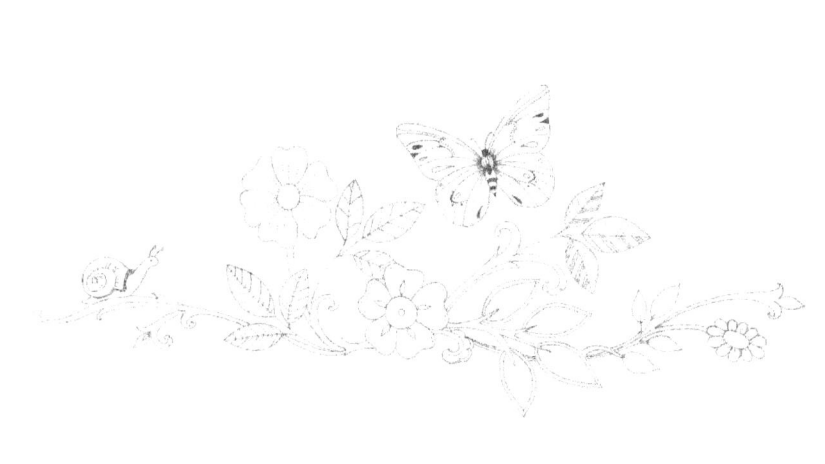

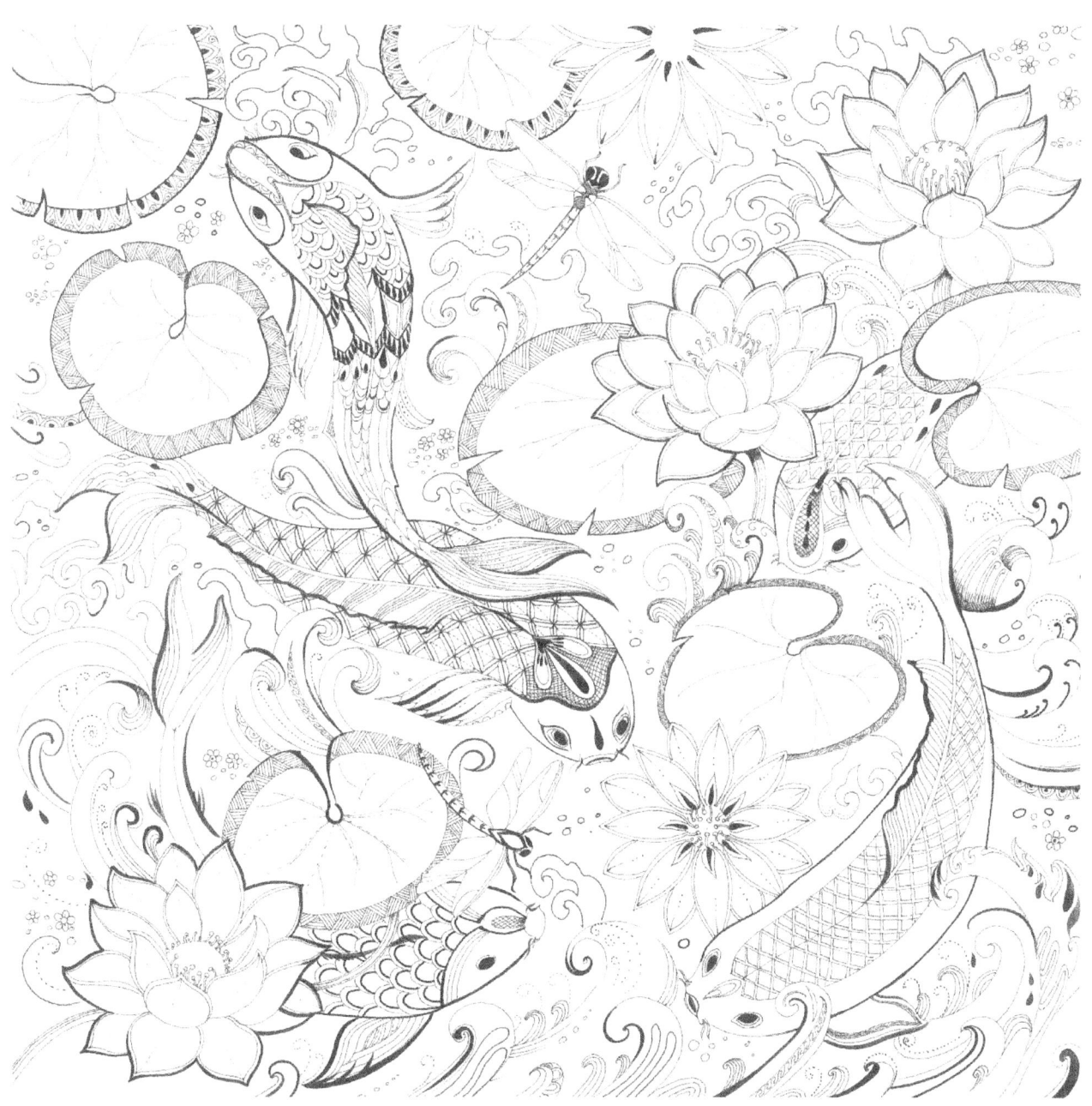

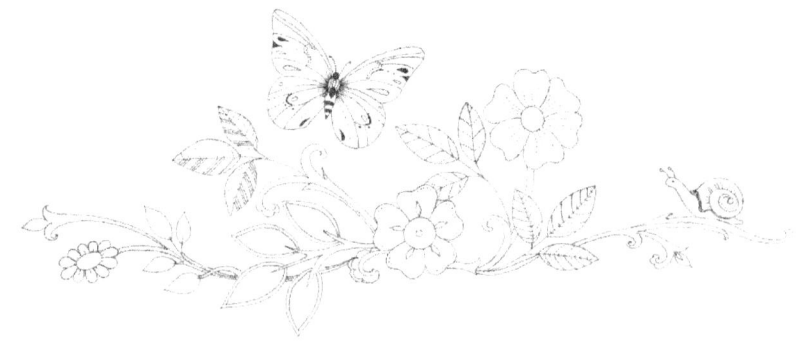

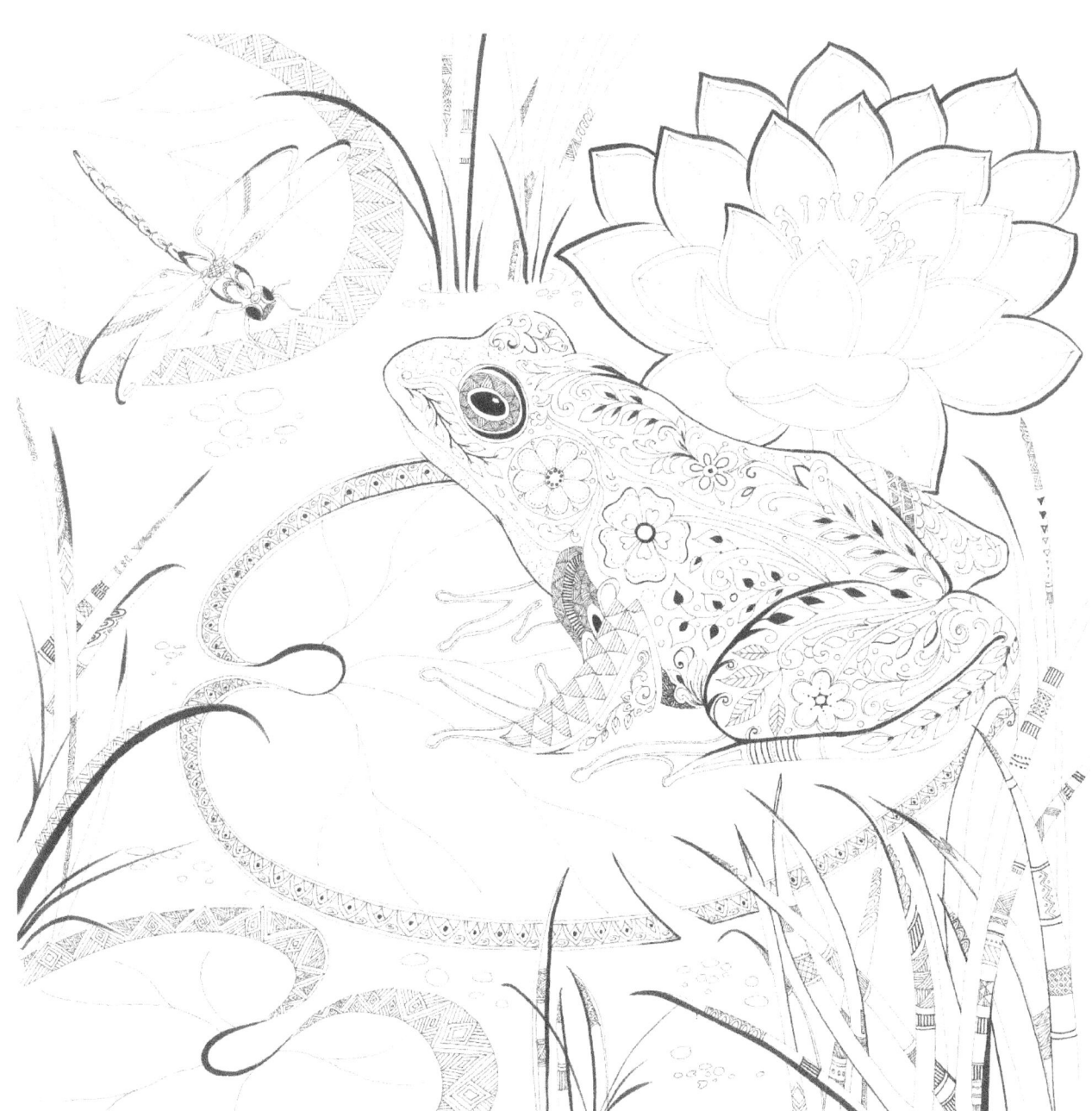

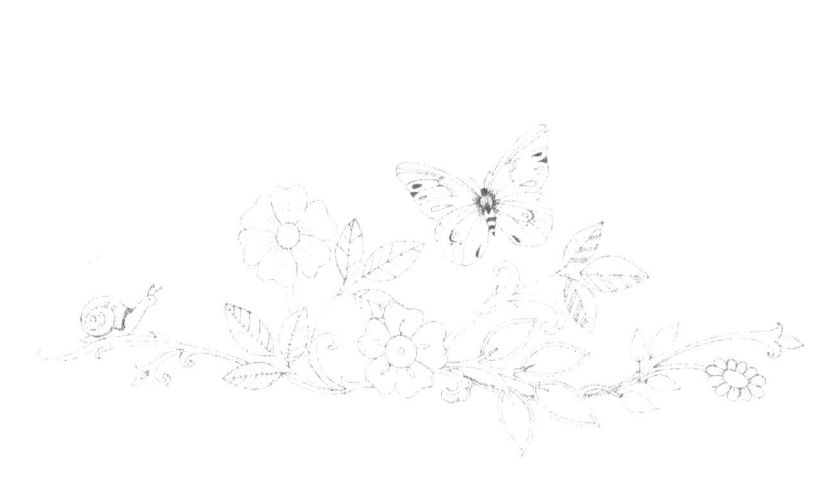

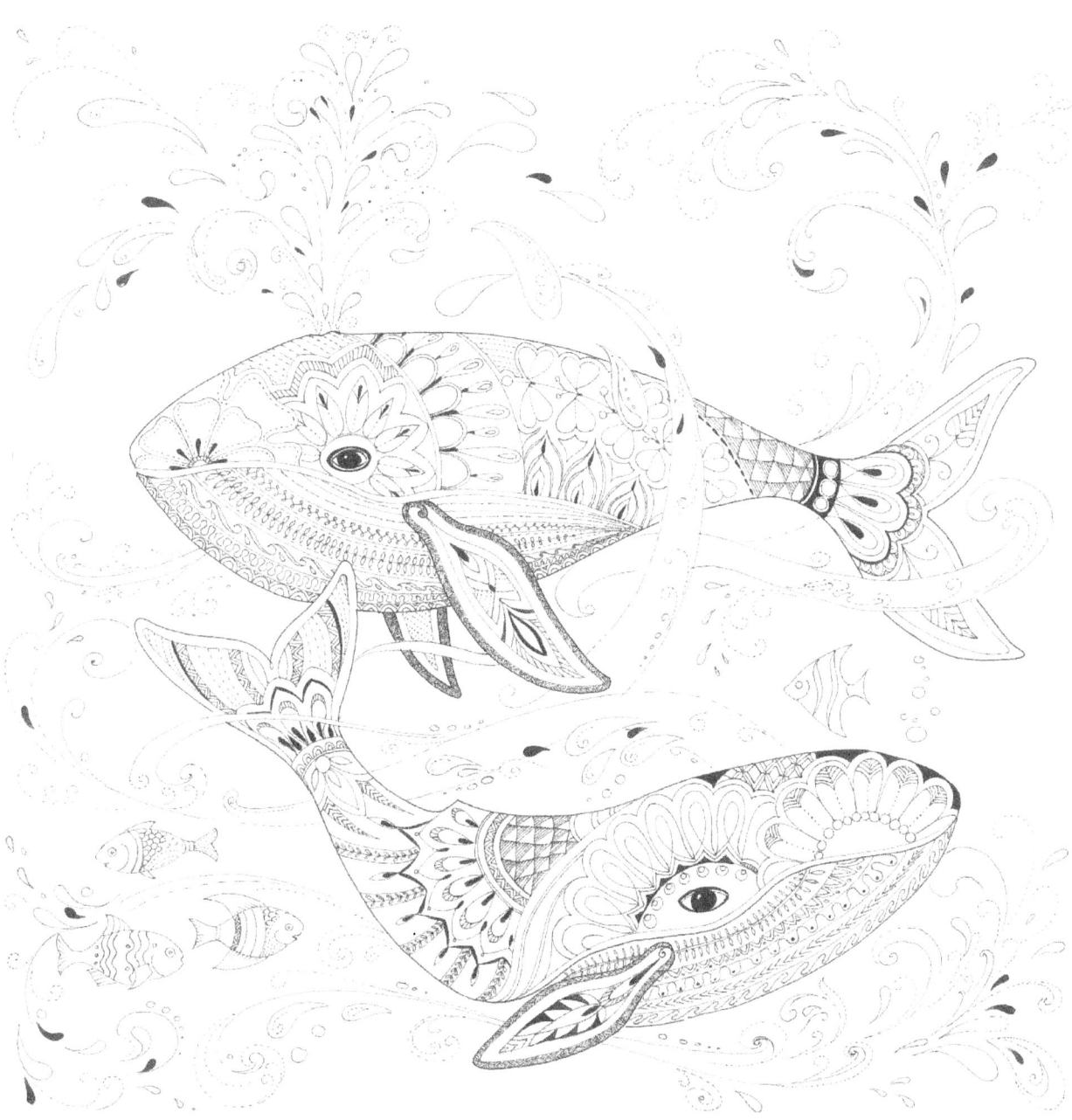

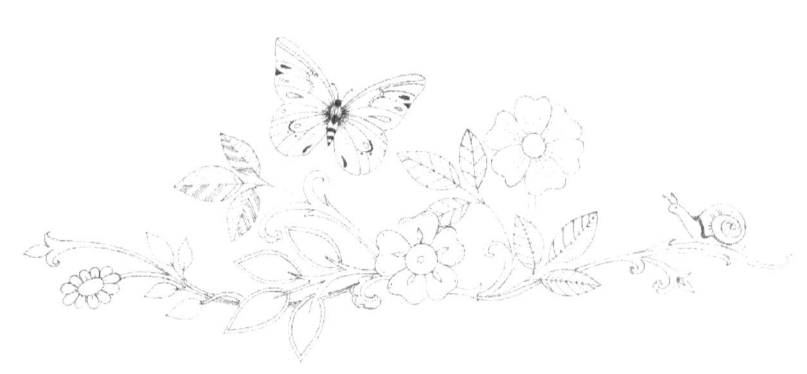

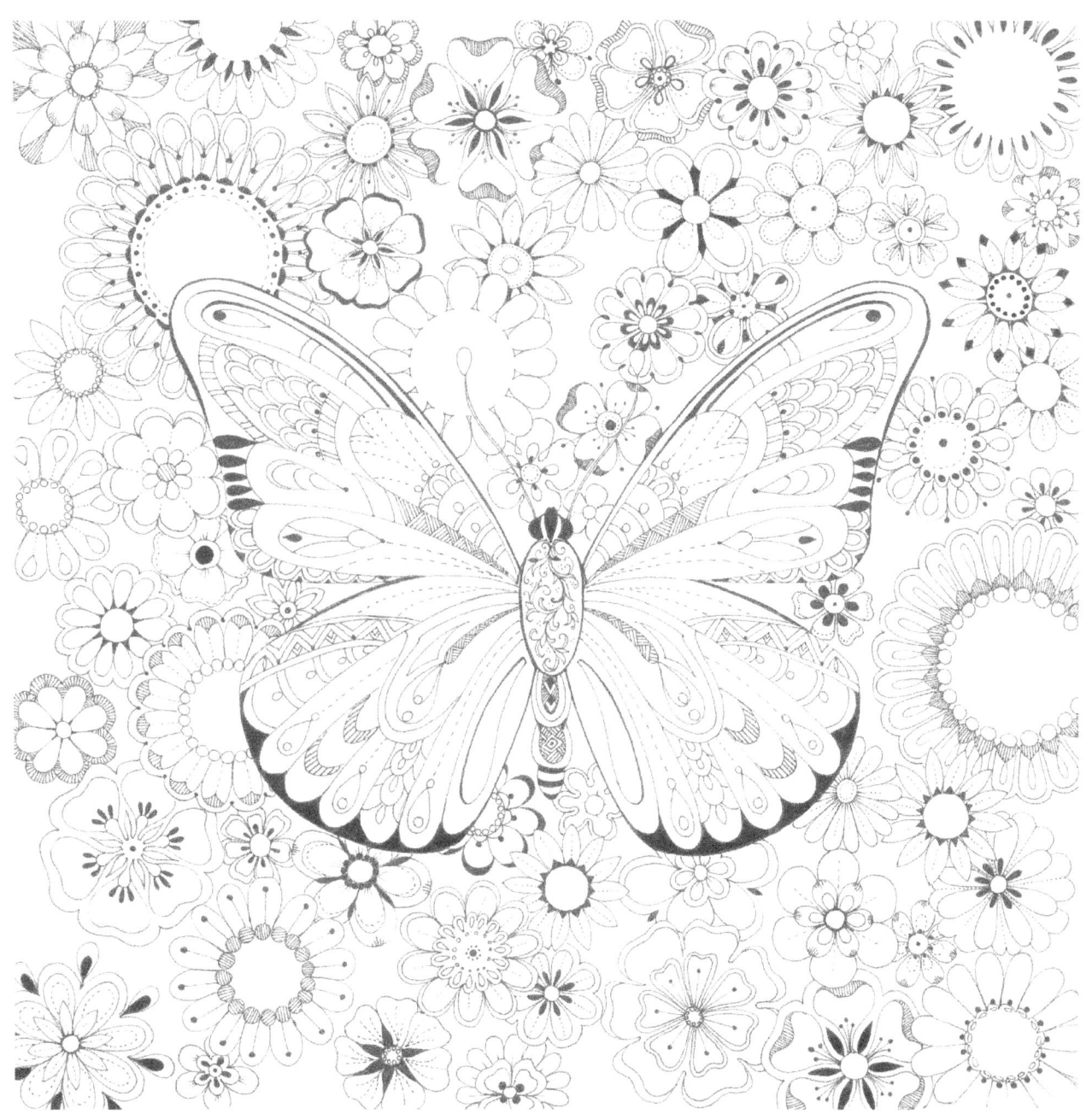

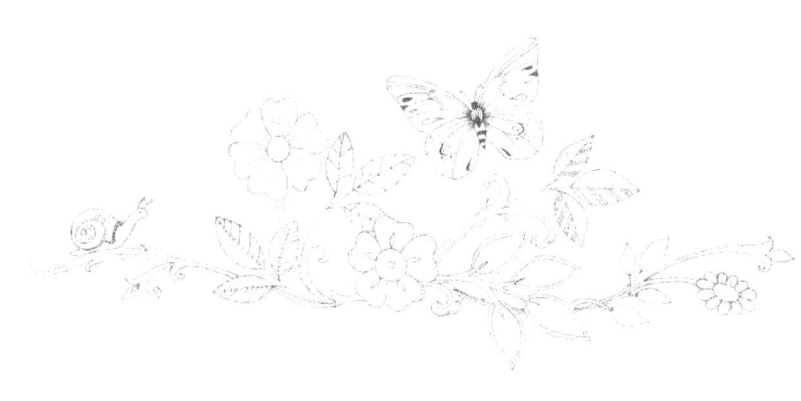

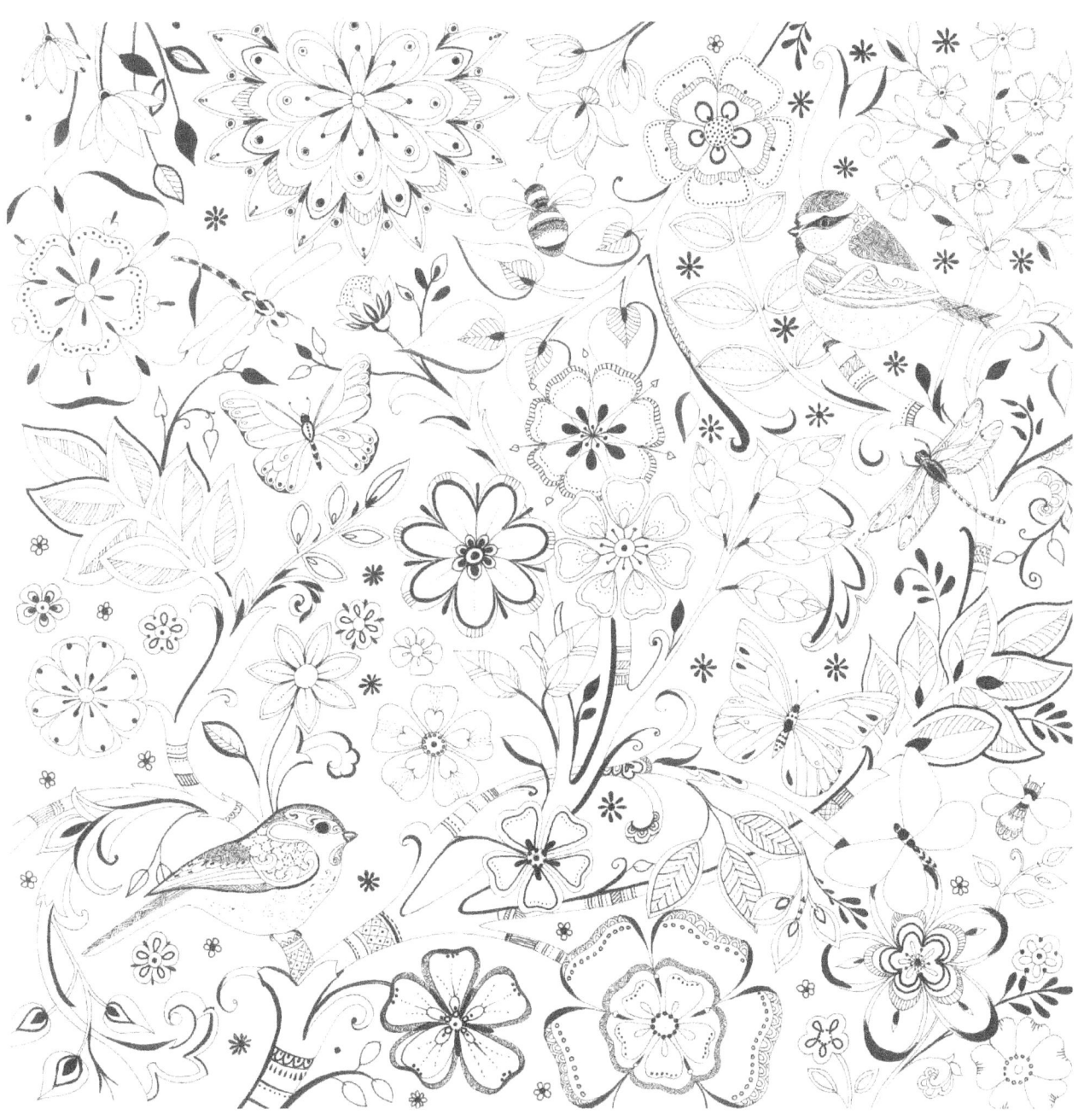

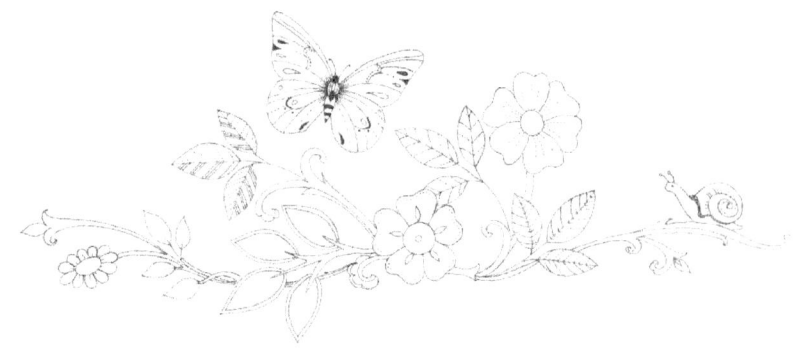

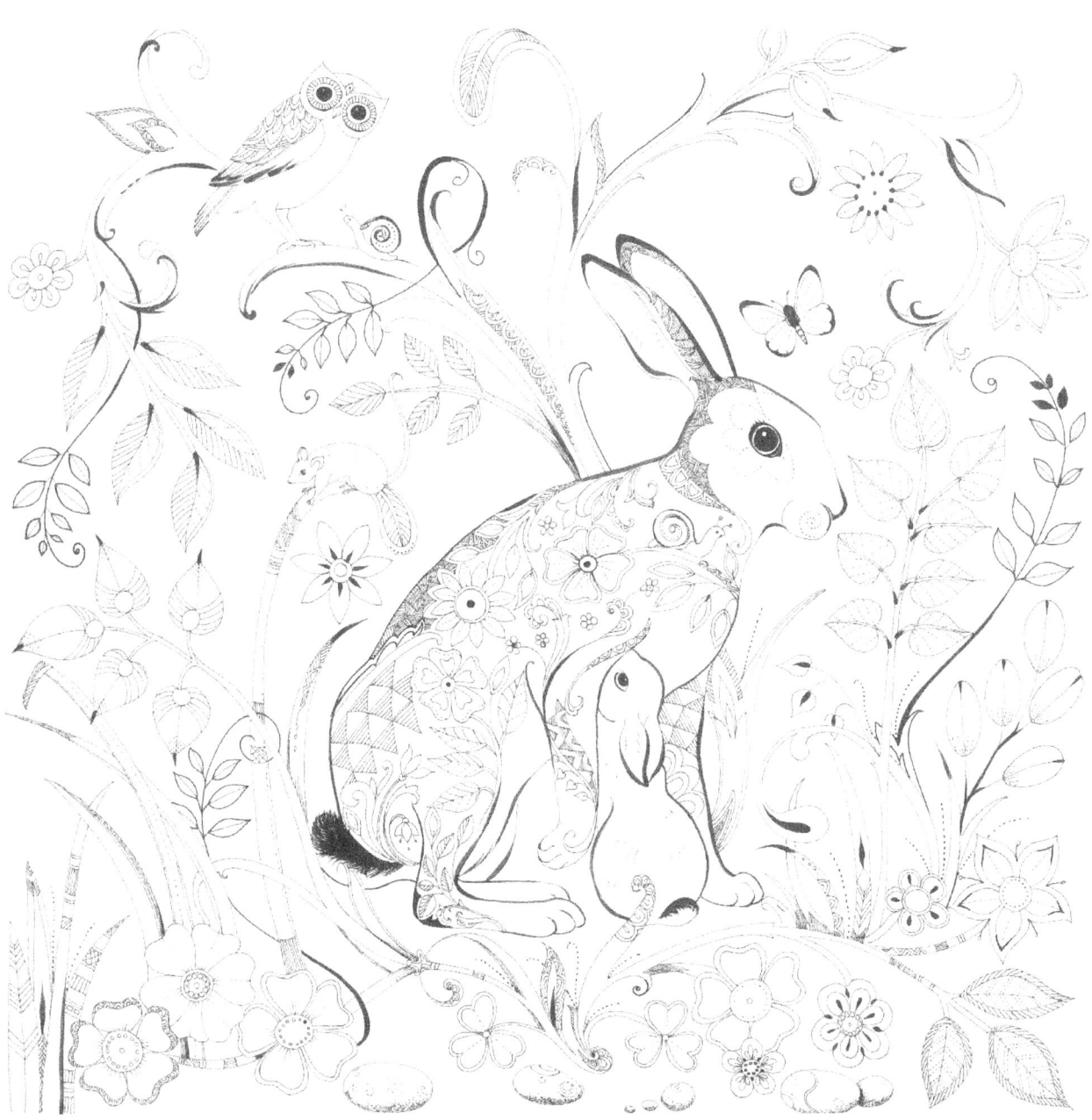

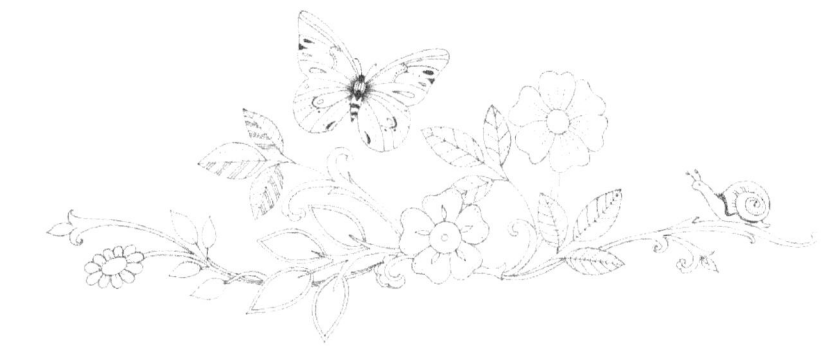

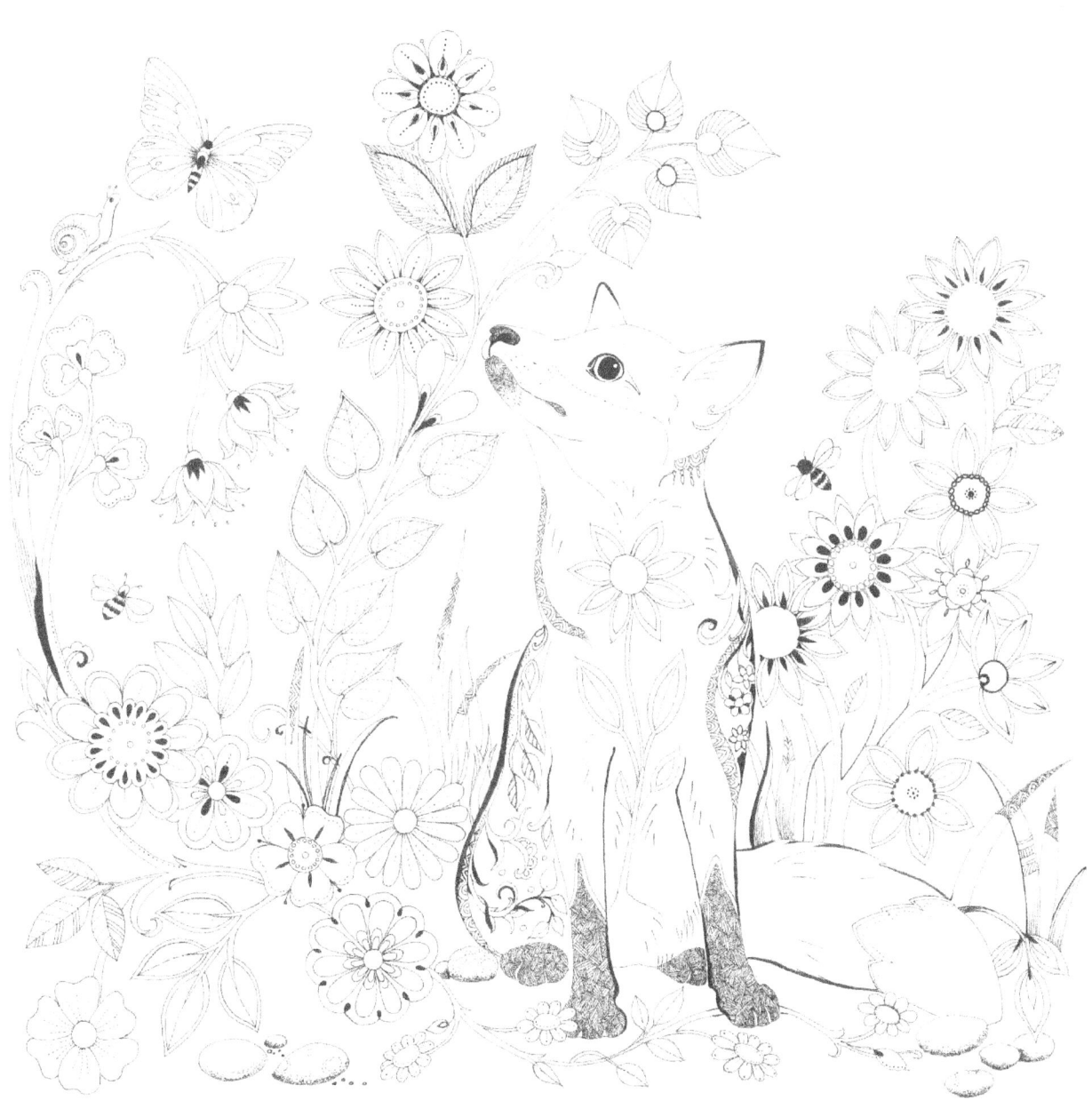

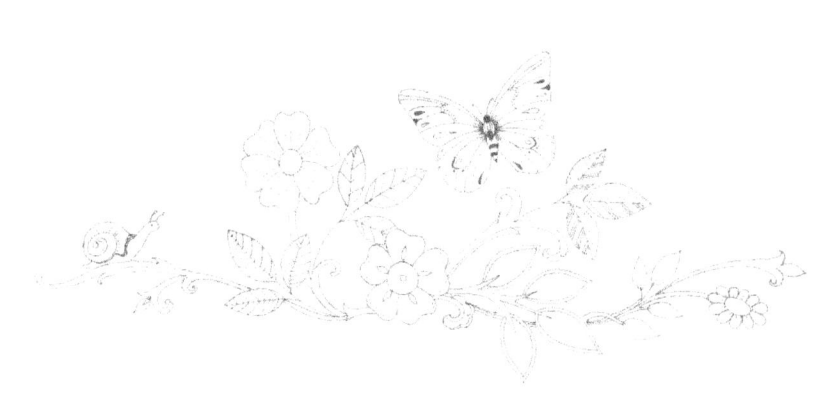

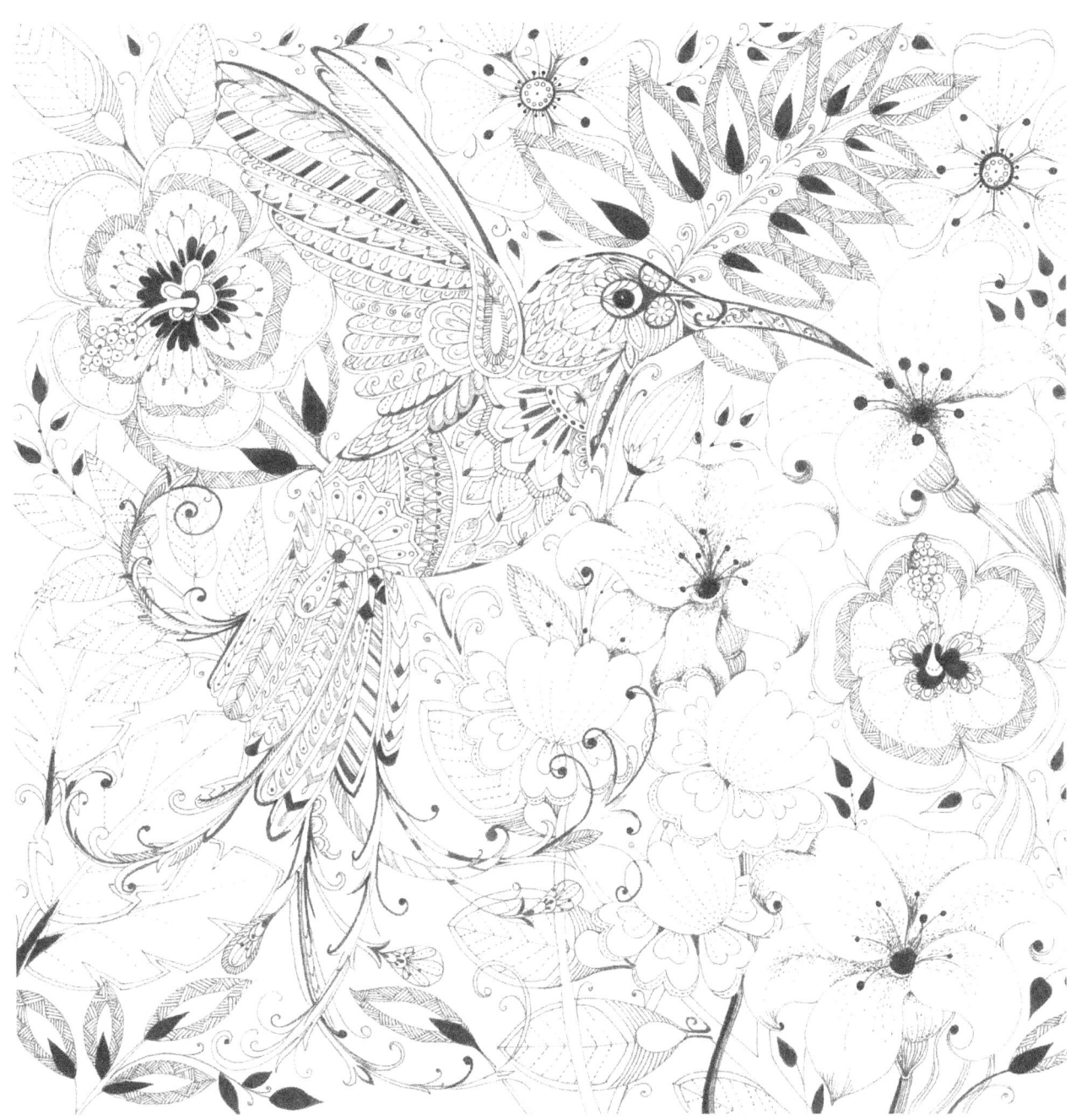

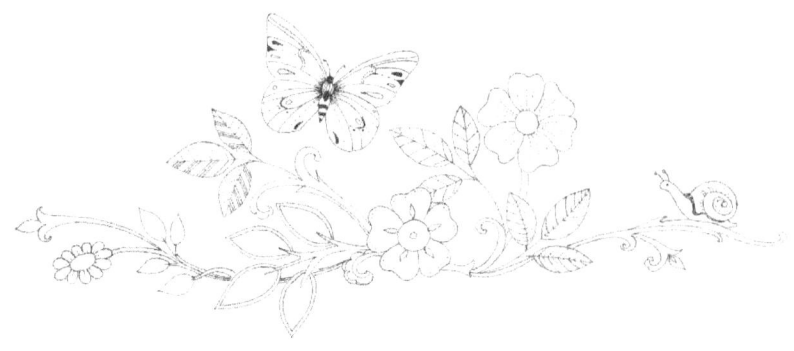

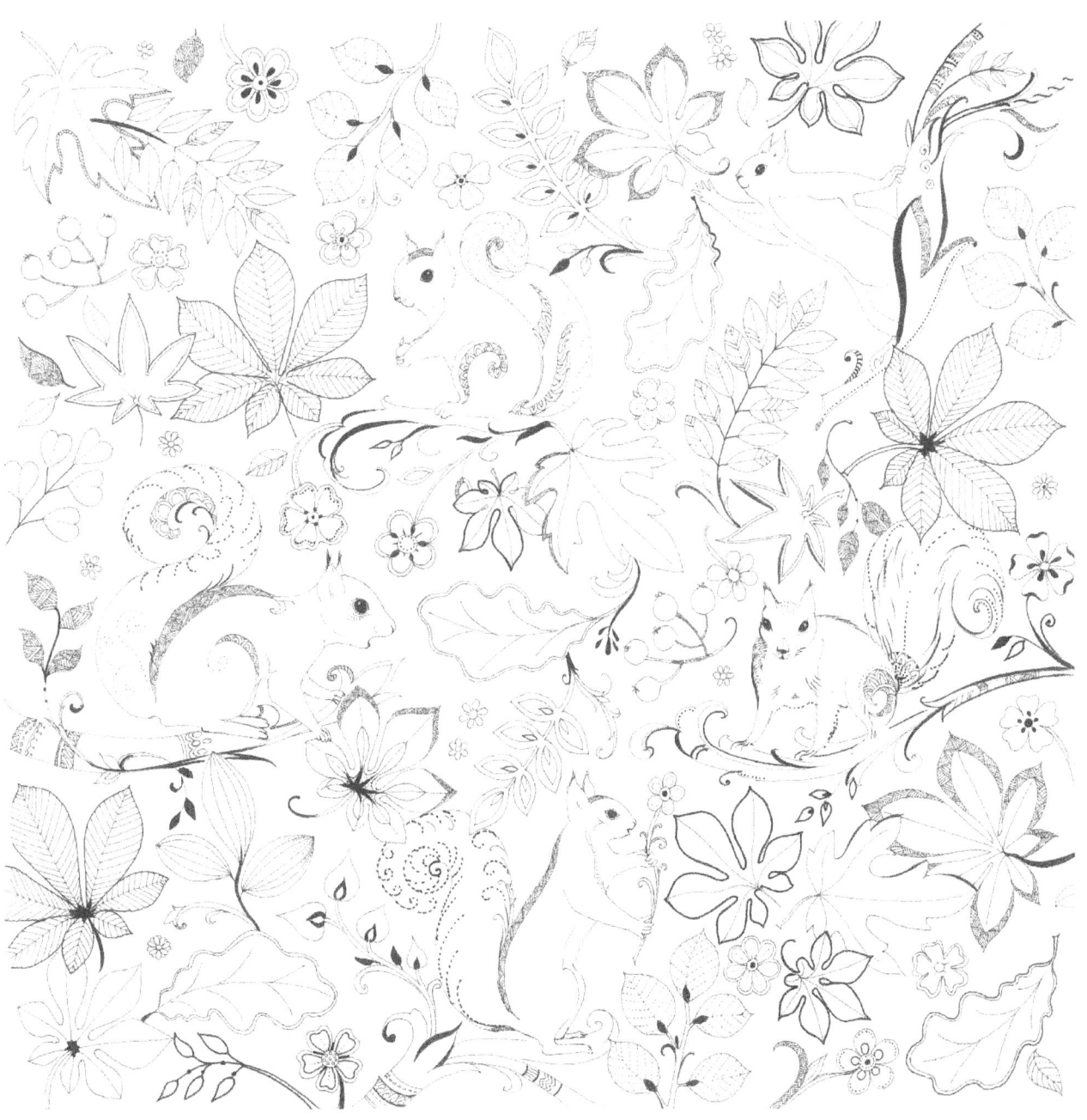

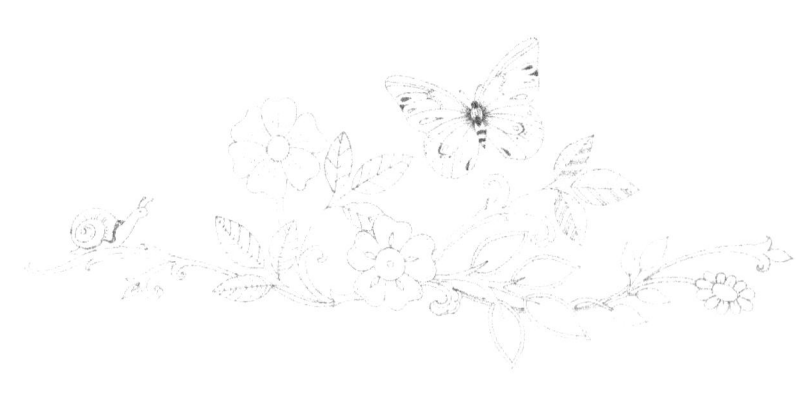

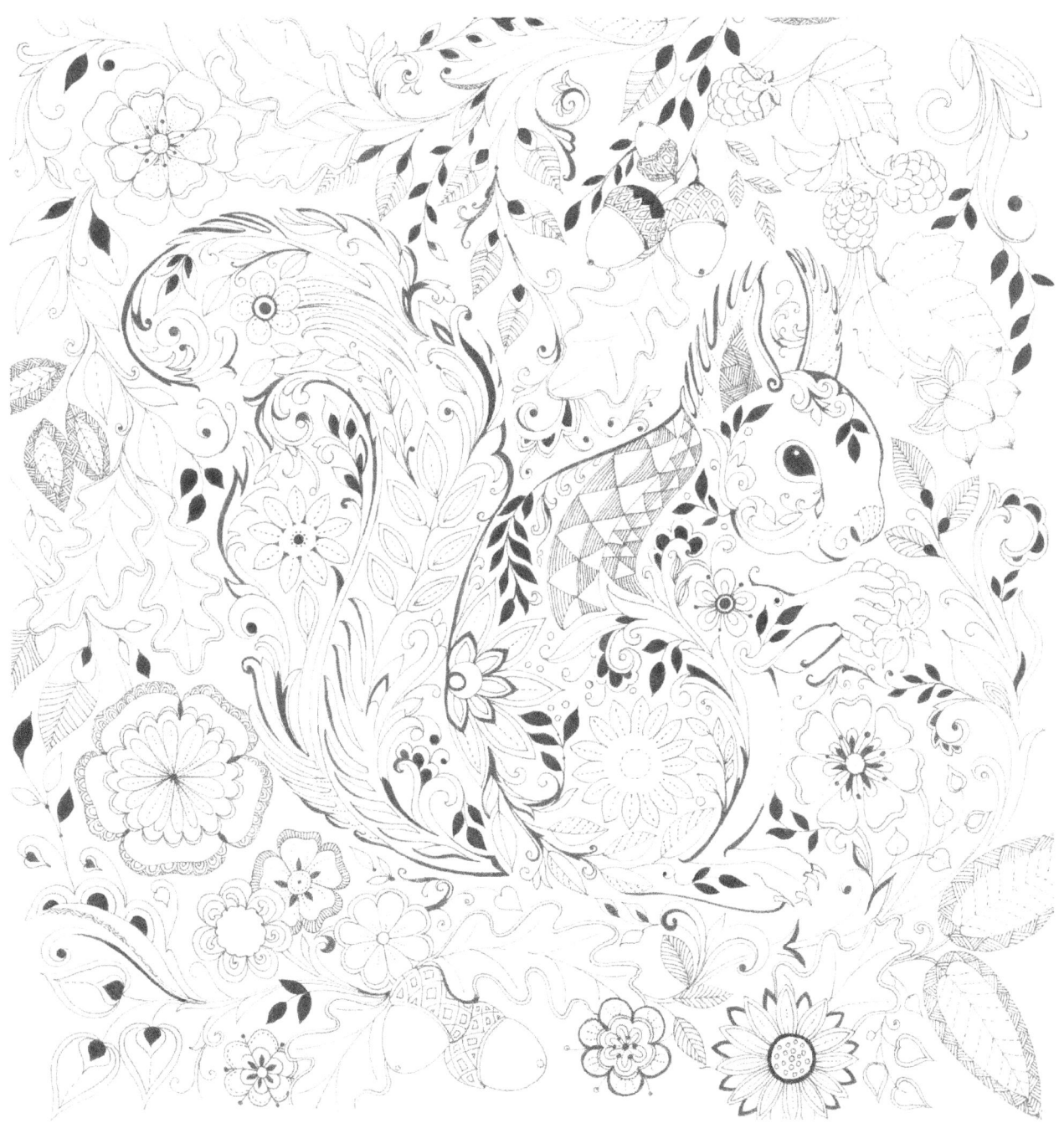

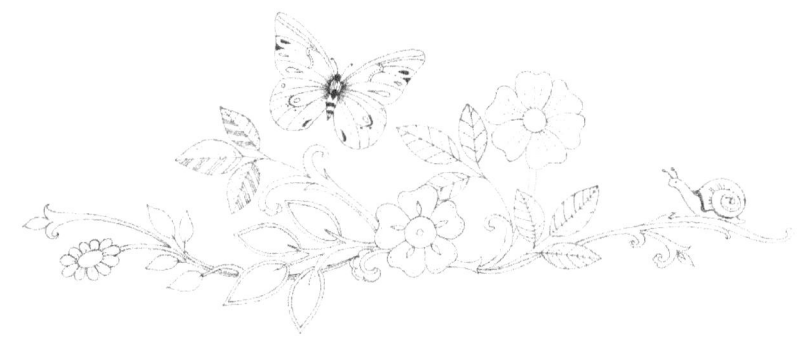

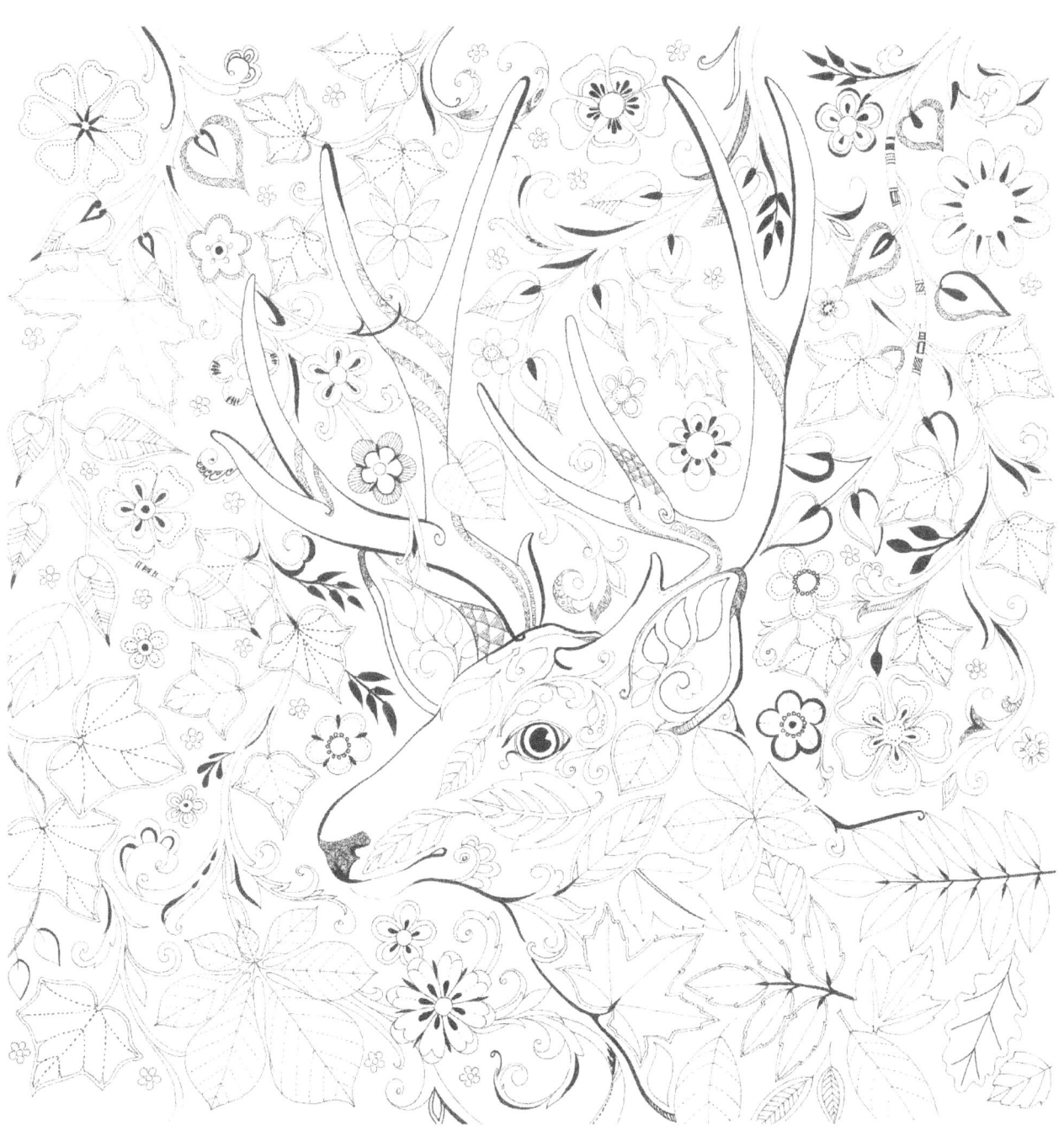

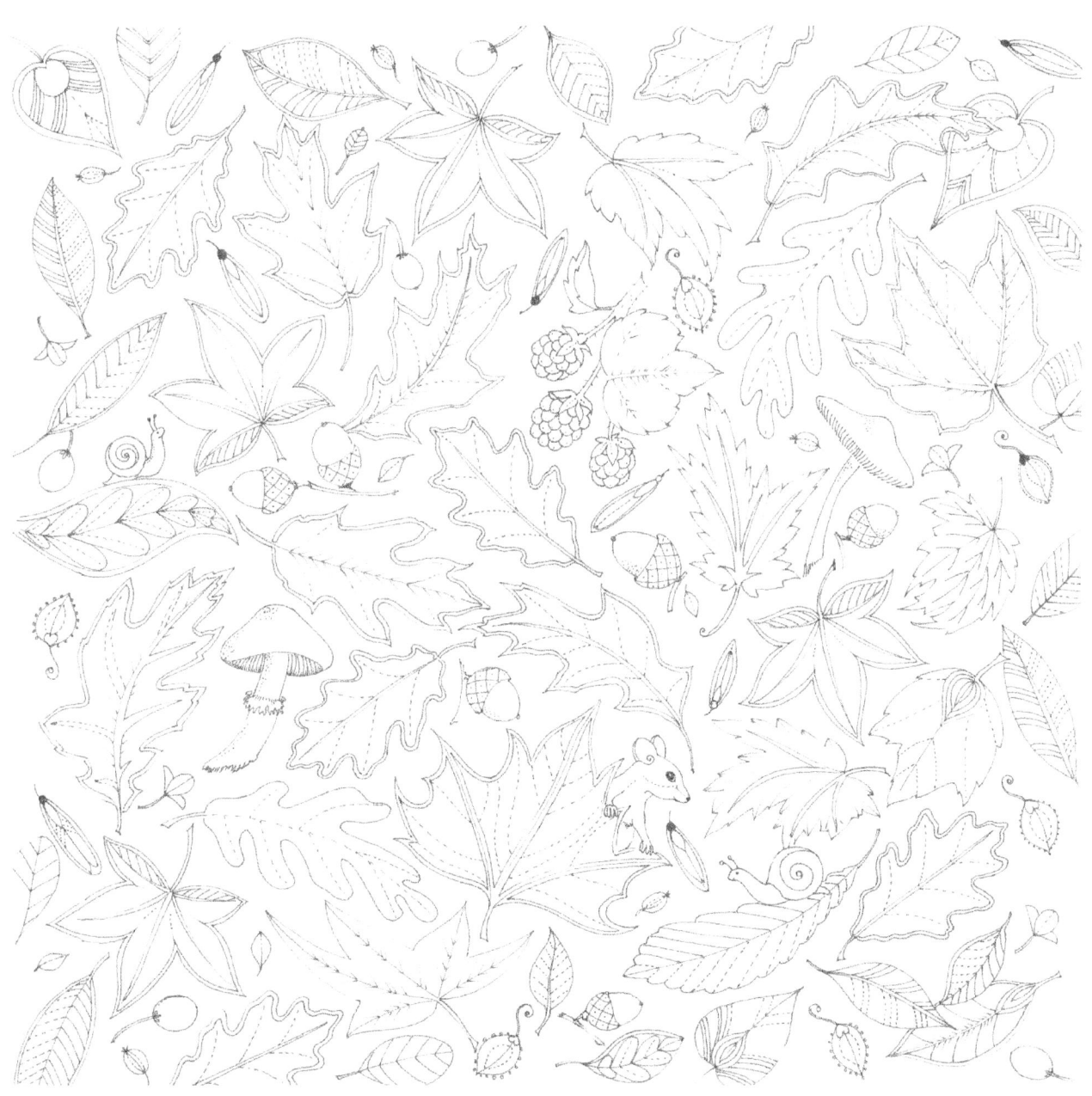

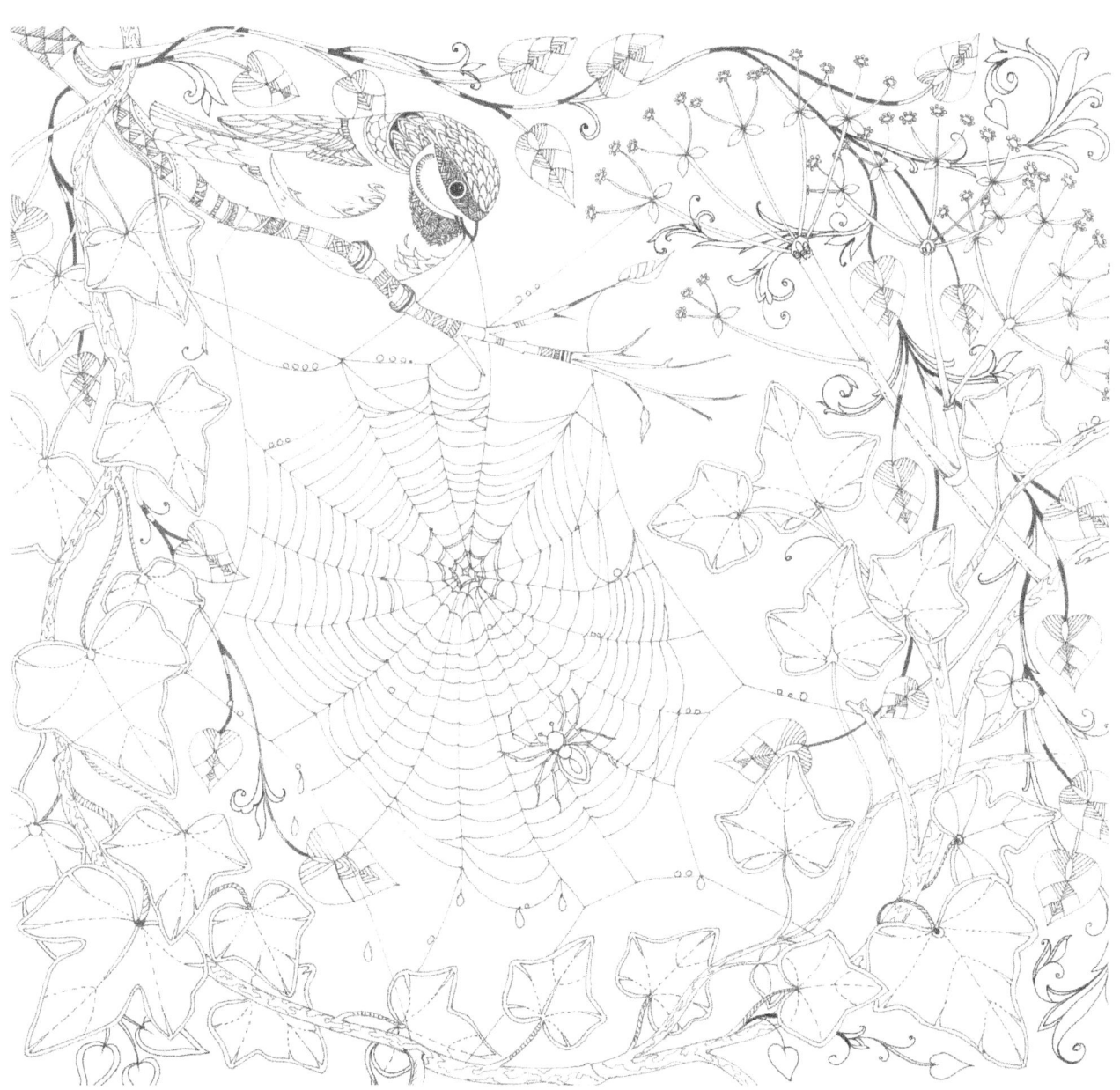

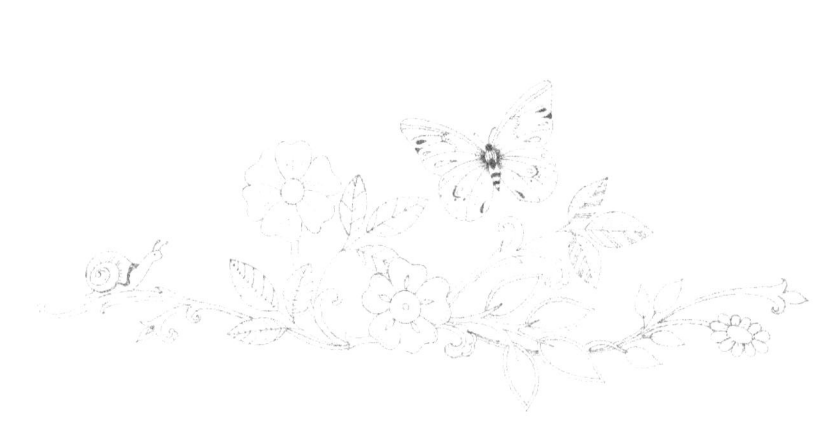

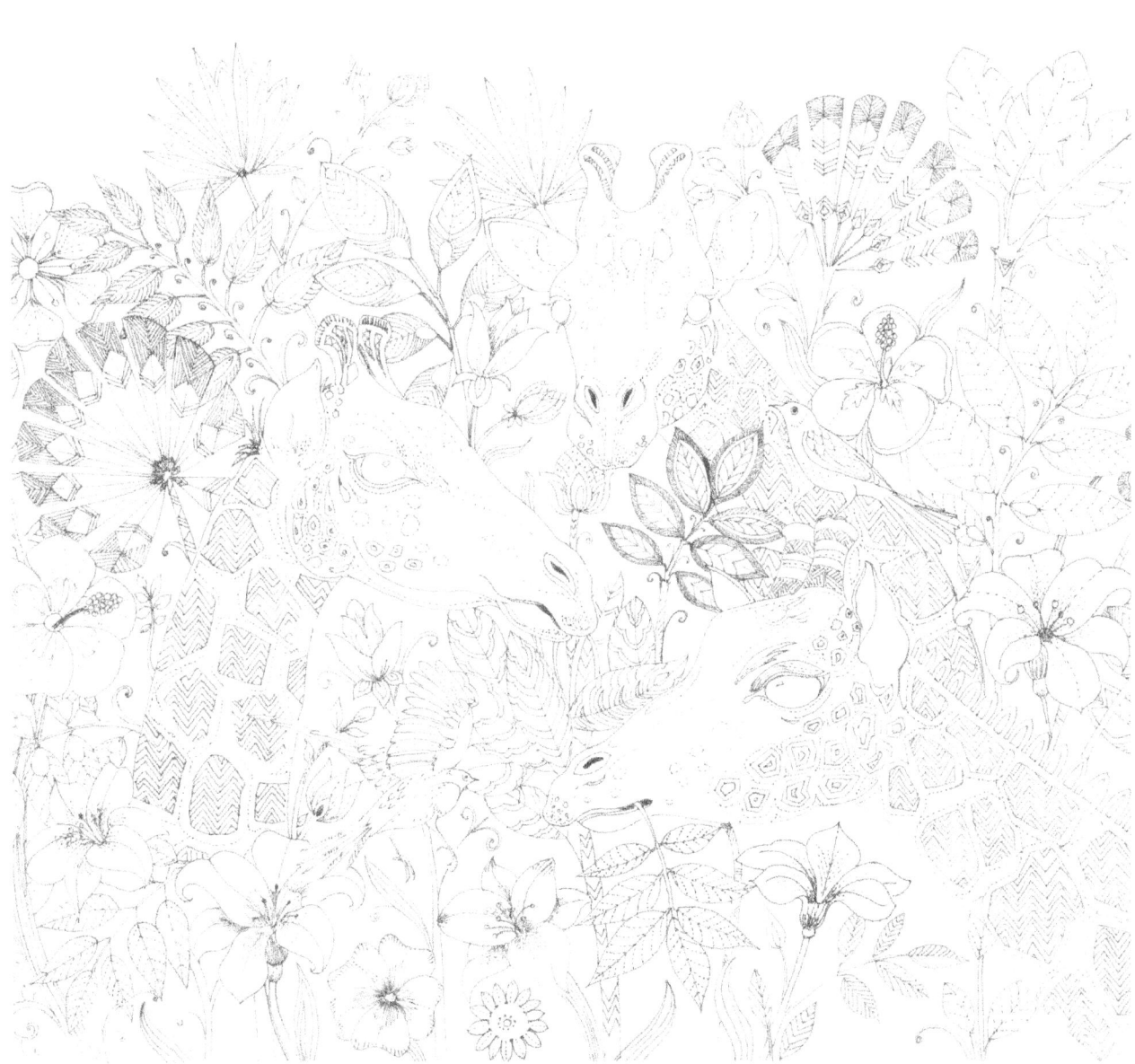

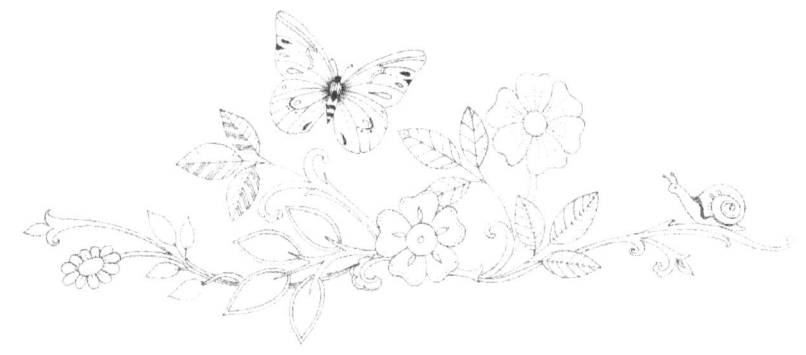

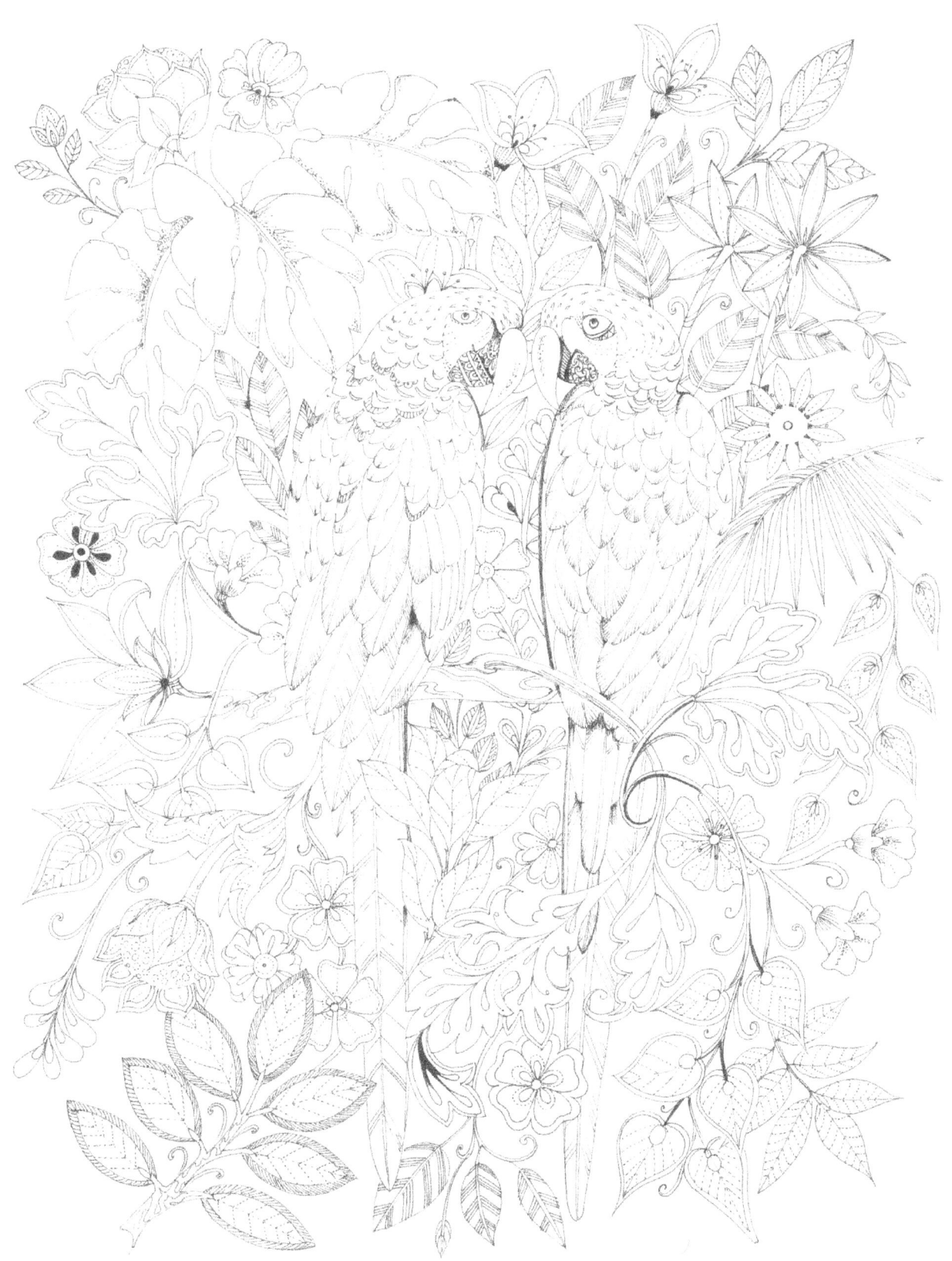

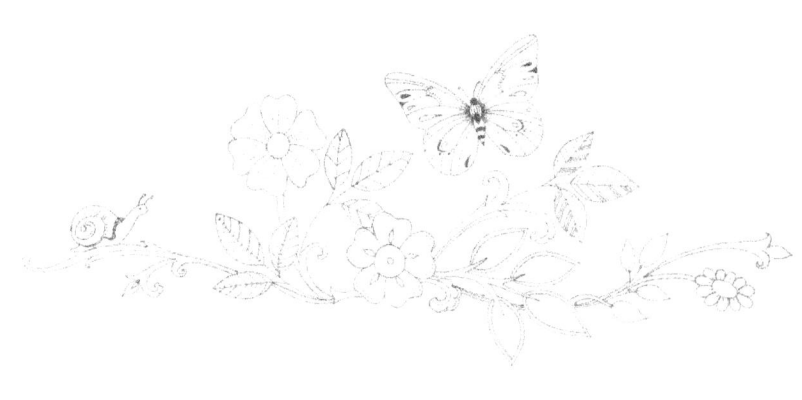

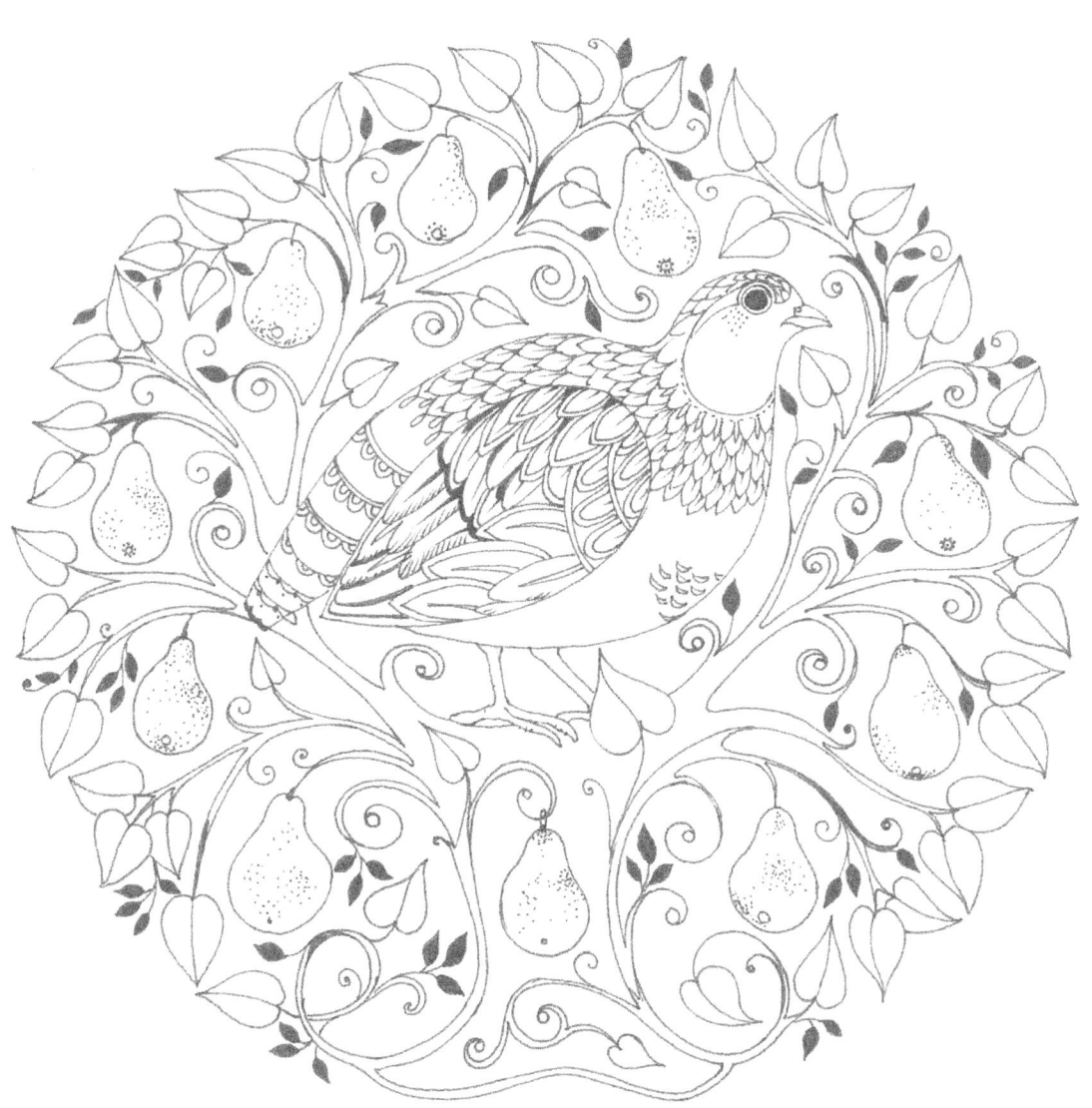

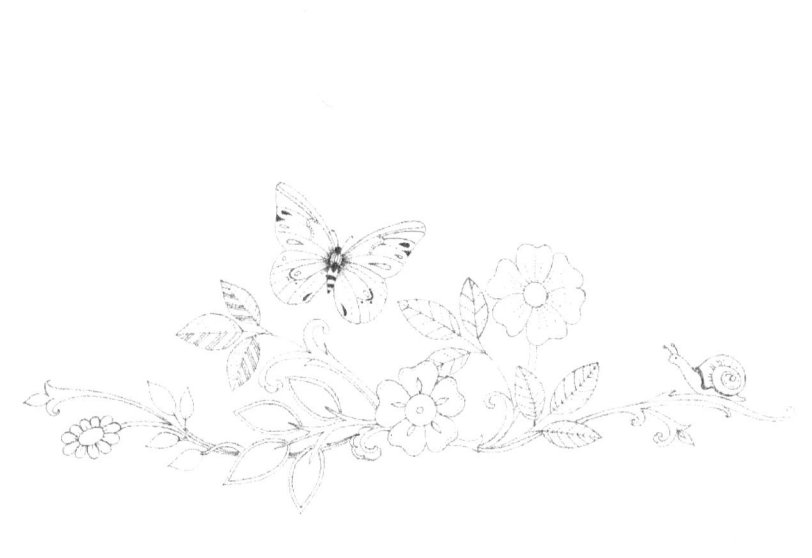

Pour Régis Félix Galand mon epoux
qui a inspiré ce deuxième livre à colorier

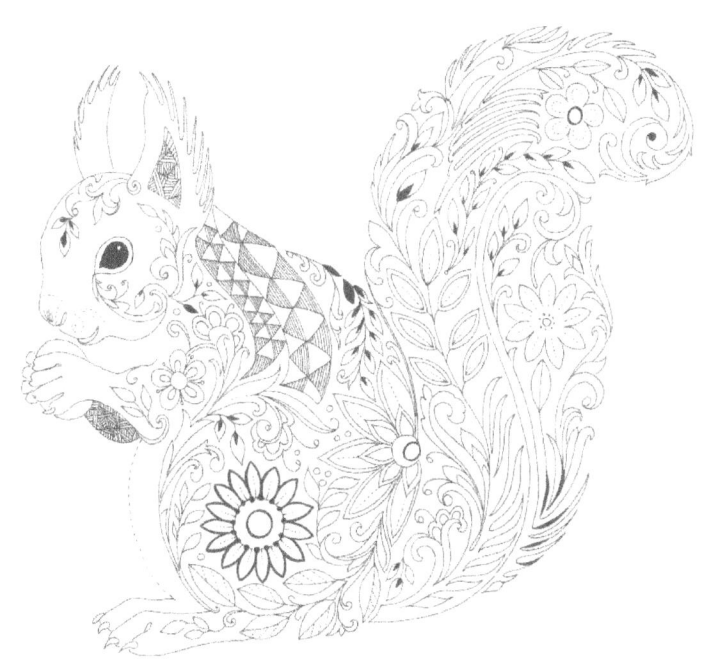

www.isabellebrent.com

www.ingramcontent.com/pod-product-compliance
Lightning Source LLC
Chambersburg PA
CBHW081801170526
45167CB00008B/3276